山海之間

跨湖桥·河姆渡文物选粹

杭州市萧山跨湖桥遗址博物馆 编

文物出版社

图书在版编目（CIP）数据

山海之间：跨湖桥河姆渡文物选粹 / 杭州市萧山跨湖桥遗址博物馆编. -- 北京：文物出版社, 2023.9

ISBN 978-7-5010-7999-5

Ⅰ. ①山… Ⅱ. ①杭… Ⅲ. ①新石器时代文化－文化遗址－文物保护－浙江－图录 Ⅳ. ①K878.02

中国国家版本馆CIP数据核字(2023)第045648号

山海之间：跨湖桥河姆渡文物选粹

编　　者：杭州市萧山跨湖桥遗址博物馆

封面题字：吴　健
责任编辑：陈　峰
责任印制：王　芳

出版发行：文物出版社
社　　址：北京市东城区东直门内北小街2号楼
邮　　编：100007
网　　址：http: //www.wenwu.com
经　　销：新华书店
印　　刷：北京荣宝艺品印刷有限公司
开　　本：889mm × 1194mm　1/16
印　　张：9.25
版　　次：2023年9月第1版
印　　次：2023年9月第1次印刷
书　　号：ISBN 978-7-5010-7999-5
定　　价：320.00元

Contents

目录

序 2

略谈跨湖桥与河姆渡 蒋乐平

“蛮荒”与“曼妙”
——河姆渡与跨湖桥的学术张力 孙国平

文化分布 13

聚落经济 27

器物形态 81

原始艺术 117

后　记 141

序 1

略谈跨湖桥与河姆渡

蒋乐平

将跨湖桥与河姆渡放在一起作比较，是一件饶有趣味的事。这个话题的出现已经接近 30 年了，至今尚有讨论的价值。

话题的核心当然还是年代。

1990 年，跨湖桥遗址初次发掘，不久获得距今 8000 年的测定数据，超过河姆渡 1000 年。鉴于河姆渡遗址在区域考古及学术史中的地位，这一突破本应在考古界引起大的反响，但遗憾的是，结果并没有出现。直到 2002 年 3 月的"跨湖桥遗址学术研讨会"，许多专家依然对跨湖桥遗址的年代表示疑虑。表面看，这只是对测年数据不信任，碳十四测定的确会出现误差，但更本质的原因，是跨湖桥遗址偏离了原来设定的新石器文化轨道，单凭一个遗址的材料，不足以颠覆学术界的思考惯性，因此出现了认识上的障碍。

那么，今天是否有了更充分的证据去说服持疑虑态度的专家改变看法？近二十年来，野外考古积累了新的材料，我们获得了新材料基础上的新认识。大家已经意识到，浙江的新石器文化谱系远不是原先认识的那样简单，需要建立新的认识框架，才能将跨湖桥遗址和跨湖桥文化年代的科学性与合理性落到实处。

简单地说，跨湖桥遗址距今 8000 ～ 7000 年的测定数据基本准确，要说有改变，是上限可能提前，超过 8000 年；下限也要向前提，早于 7000 年，在中心区域不存在与河姆渡文化的并列、并存期。这一认识基于如下思考与证据。

首先应当承认，当年学术界对跨湖桥遗址年代的疑虑，完全缘于认识上的束缚。但随着另一个遗址、另一种文化的发现，这个疑虑已经烟消云散。上山遗址和上山文化的发现，彻底打破了河姆渡文化、马家浜文化之于浙江新石器文化的禁锢，我们的思考已经从钱塘江南北的两分体系中挣脱出来。跨湖桥遗址与跨湖桥文化不再孤独，相比于 20 年乃至 10 年前，学术界已经具备了对这一地区新发现、新资料更多的宽容度。这是讨论问题的基础。

跨湖桥文化年代的上限，必须从与上山文化遗址的地层关系和文化关系中进行分析判断。目前在钱塘江、灵江上游地区发现的跨湖桥文化遗址 10

余处，这些遗址的跨湖桥文化层大多叠压在上山文化层之上，如龙游荷花山遗址、义乌桥头遗址、浦江上山遗址、临海峙山头遗址、仙居下汤遗址等，可见两者存在区域性的文化递变关系，从器物内涵看，两者也存在明确传承关系，如镂孔圈足器的传统、薄胎陶的传统，尤其是彩陶题材和工艺的传承。假如这一区域的文化发展没有中断，那么跨湖桥文化年代上限与上山文化年代下限应该是衔接的，目前在湖西遗址的上山文化最晚期地层中，已经获得较为可靠的一批测年数据，约距今 8400 年，可作为上山文化年代的下限，尽管上山、荷花山等遗址的跨湖桥文化层的测年只有距今 8000 ～ 7800 年，原则上，跨湖桥文化年代上限往前提的可能性是存在的。

跨湖桥文化年代的下限，主要涉及与河姆渡文化的关系。迄今发现的遗址中，尚未发现确凿的跨湖桥、河姆渡文化层叠压关系。下汤遗址存在地层叠压，但由于河姆渡文化的呈现不够典型，也没有测年数据的补充，需要进一步的比较和研究。但两种文化的区域“叠压”则普遍存在，从中可以对两者关系做出符合实际的分析与判断。

什么是文化的区域“叠压”？在考古学文化的定义中，文化分布于特定的区域，同时期的两个考古学文化至多在边缘区域有所交集，并在这种交集中趋于同化，而不可能共同拥有一个分布中心。一旦在同一个区域内出现两种完全不同的考古学文化，只有一种解释，它们属于不同的时代。但跨湖桥文化与河姆渡文化的分布，却出现了非常明显的区域重叠，当然就不是同一个时期的考古学文化。

典型的分析例子是楼家桥遗址和上山遗址。楼家桥遗址属于河姆渡文化类型，位于诸暨市次坞镇，与跨湖桥遗址同属浦阳江下游，直线距离仅 20 多公里，鉴于楼家桥遗址西南方向还存在着多个跨湖桥文化类型遗址，可以认定楼家桥遗址出现在跨湖桥文化的分布中心，这就呈现了明确的文化区域“叠压”。楼家桥遗址的早期测年距今约 6500 ～ 6300 年，晚于跨湖桥，两种考古学文化在浦阳江下游存在前后相续的发展关系。更典型的例子出现在上山遗址，上山遗址南区有河姆渡文化楼家桥类型遗存，北区有跨湖桥文化阶段遗存，南、北区相隔仅 100 米。100 米的范围内两种文化并列共存？当然不可能，只能是前后相替。事实上，北区跨湖桥遗存的测年距今 7000 多年，南区河姆渡遗存的测年距今 6000 多年。

另一个遗址虽然还没有正式发掘，但已经透露出比较明确的文化信息，那就是余姚井头山遗址。井头山遗址位于河姆渡文化的核心区域，距河姆渡遗址、田螺山遗址均很近，但初露的文化内涵与跨湖桥遗址存在诸多的相似之处，年代也早于河姆渡、田螺山。显然，在姚江流域，这两种文化也是前后交替。

跨湖桥文化早于河姆渡文化是确定的事实。但还会有人提出异议，上述举例均存在时间空档，难道两者不可以有一个文化重叠期，比如跨湖桥文化的晚期与河姆渡文化早期并列发展？这一判断，其实是写入 2002 年“跨湖桥遗址学术研讨会”会议纪要的。但这种可能性，仅仅存在于逻辑想象中，事实上不可能出现，起码在杭州湾附近地区不可能出现，因为这与文化区域“叠压”中的时空关系发生了矛盾，至今也确未发现重叠的遗存现象。

所谓重叠，是指假如两种考古学文化确实在狭小区域内共存了一段时间，那么在并存期间，两种文化类型必然会出现彼此交流和影响，从而出现文化趋同的过渡性现象。但这一现象在跨湖桥晚期和河姆渡早期遗存中均没有被发现。跨湖桥文化的整体性很强，完全看不到晚期遗存加入河姆渡文化因素的迹象，同样的分析也适用于河姆渡文化早期遗存。实际上，我们在其他区域也没有发现过这种重叠实例，杭嘉湖出现过马家浜文化与崧泽文化、崧泽文化与良渚文化的重叠？没有。它们前后相续，证明文化的直接继承，而跨湖桥与河姆渡之间出现的“突变”，恰恰是因为存在文化的间断，而不是理论上的并存交叉。

跨湖桥文化与河姆渡文化在钱塘江下游及杭州湾地区前后相续，但并不紧密衔接，符合浙东沿海地区全新世早中期环境变迁的实际情况。我们知道，跨湖桥遗址最后因海平面上涨带来的潮水侵袭而淹没。这一沧海桑田的变化，很可能在即将发掘的井头山遗址中也有体现。这说明什么？说明在这期间，海平面存在一个逐渐升高的过程，这个过程体现了杭州湾地区环境的恶化，跨湖桥文化因此衰亡。待这一过程结束，海平面略有回落，环境稳定下来，古宁绍平原的雏形初现，河姆渡人迁徙到这里，一个新的周期开始。从此至今，这个区域的人类历史基本未曾中断。

因此，从杭州湾地区遗址的发现情况看，跨湖桥文化与河姆渡文化出现一个时间间隔，是合理的，也是符合事实的。这个间隔有多长？从跨湖桥碳十四数据的分布看，我初定为距今7200年，值得进一步研究。但这就引出了另一个需要关心的问题，跨湖桥文化与河姆渡文化之间，是否存在传承与发展的关系？回答也是肯定的。

多重线索证明了两者的关系。比如老生常谈的绳纹，在河姆渡文化阶段，绳纹成了与钱塘江以北马家浜文化相区别的重要标志。河姆渡文化为什么有绳纹？恐怕不能回避同属于钱塘江以南的跨湖桥文化对其的影响。在陶器形态上，河姆渡文化最典型的敛口有脊釜，以及具有共同特征的敛口盆、敛口钵，以及敛口外侧装饰弦纹的特征，均可在跨湖桥文化的敛口盆、钵上找到原型。在骨、石、木器方面，继承因素更多。比如漆器、独木舟，原先河姆渡遗址被认为是发现最早，现在跨湖桥文化更早，就应该视为区域文化的共同贡献。另外骨哨、骨耜、骨匕、木锥等等，功能、形态十分一致。复杂的水平踞织机，两遗址也有十分一致的器物体现。

既然前面分析了跨湖桥文化与河姆渡文化时间上的间隔，那么，它们的联系通过什么途径？应该说，跨湖桥文化在杭州湾地区的消失，并不意味着跨湖桥人的消亡。实际上，在跨湖桥文化的存续期间，跨湖桥文化和跨湖桥人已经与周边地区发生了交流乃至迁徙的现象，杭嘉湖与苏北一带均发现过跨湖桥文化的足迹。理论上来说，分布于钱塘江上游丘陵的跨湖桥文化边缘类型的延续时间会更长些，其下限可能会与河姆渡文化有更紧密的衔接，这有待发现的证实。

超越跨湖桥遗址，在更广阔的跨湖桥文化分布区做好跨湖桥文化的分期工作，应该是今后一段时间里重要的研究方向。

序 2

“蛮荒”与“曼妙”
——河姆渡与跨湖桥的学术张力

孙国平

现代中国，地域广袤，环境复杂多样，文化传统多姿多彩、源远流长。但是若离开了近几十年获取的考古成果，我们对于这片土地上的远古社会发展过程的了解仍然会是一片混沌，甚至一无所知，即使有神话传说和历史文献可据，也是所知非常有限。所以，更不要说两三千年前的古人对于他们之前再数千年的时代、又远隔上千公里的地域环境的了解和头脑中的印象之不可靠。

其中，《史记》《汉书》《后汉书》等重要文献的著名史家对于他们眼中的“江南”和整个南方地区，常有着一些朦胧的印象。如《尚书·禹贡》有“三百里蛮”的记载。《史记·货殖列传》中有记载：“楚越之地，地广人稀，饭稻羹鱼，或火耕而水耨……是故江淮以南，无冻饿之人，亦无千金之家。”“江南卑湿，丈夫早夭。” 《汉书·严助传》中也有类似表述：“南方暑湿，近夏瘅热，暴露水居，蝮蛇蠚生，疾疠多作。”“越，方外之地，劗发文身之民也……”《后汉书·樊准传》中更有“化自圣躬，流及蛮荒”的说法。它们均深深地影响了后世的很多中国人对于南方地区的认识。而最近不到半个世纪以来的考古工作，特别是杭州湾南岸宁绍地区河姆渡遗址和跨湖桥遗址的发现，确凿地告诉我们，七八千年之前的“江南”和整个南方地区的社会已绝非“蛮荒”的状态，实际已达到很大程度上的“曼妙”和“精致”。因此，数千年流传下来的成见和偏见，在考古打开的尘封世界面前，有望逐步修正和消融。但是，考古也并不能像穿越时空隧道一样获知过去的一切，专家们几十年的探究，依然遗留着不少令人不解的谜团。

今天，在跨湖桥遗址博物馆创造条件有幸把河姆渡文化的重要文物与跨湖桥文化的珍贵文物邀约在一起，更促使和激励我们重新思考它们背后的历史真实，即使不能重建和复原，也将使“真实”变得更完整和清晰。

关于跨湖桥文化、河姆渡文化的来源

浙江境内的钱塘江—杭州湾以南地区，地处中国东部沿海的南北过渡地带，地理环境（地貌类型）上丘陵山地占总范围的 70% 以上。之前学术界常以为这样的环境不太适合新石器时代先民的生产和生活。而通过最近几十年的史前考

古工作，这里恰恰成为浙江境内乃至中国整个南方地区一再给人以惊喜，并吸引越来越多学者关注和深入思考，甚至是有可能解决重大学术问题（如中国稻作农业起源、史前经济革命发生、海洋文化起源与全新世环境变化等研究方向）的一个重要考古区域。这一区域内金衢盆地和其他几个小盆地、宁绍平原及周边丘陵坡麓、浙东南沿海低丘滩涂以及一些较大河流经过的低丘谷地内多发现了年代早晚不一的新石器时代遗址，尽管从文化发展的谱系上仍显示不太清晰的脉络，但从它们的年代关系上已构建起了一个比较完整的演进序列，并且这一序列的完整程度在全国几大不同地理区域的考古发现中也属领先。

由于已在不少距今 11000 ～ 8000 年的上山文化遗址（已发现的遗址大多地处金衢盆地，遗址所处现今海拔较高，大多达 20 ～ 50 米）中，在上山文化地层之上发现了跨湖桥文化的堆积和典型遗存，因此，20 世纪 90 年代的认识，认为跨湖桥文化在本省找不到源头，而与长江中游地区的皂市下层文化有较大联系的说法得以修正。虽然跨湖桥文化早期遗存与上山文化晚期遗存，如陶器风格、石器反映的经济形态（生业模式）、生产力水平等方面有着迥然的差异，但更多的应该是文化发展不同阶段造成的，跨湖桥文化主要来源于上山文化的认识应已没有大的问题。

而河姆渡文化的来源问题，在发现 40 多年以来，不少学者曾做过很多分析和推测，而认为河姆渡文化来源于浙江内陆和四明山山前地带的说法为多，但 2013 年井头山遗址发现之前一直未能取得实质性的突破。2001 年跨湖桥遗址第二次发掘和文化命名之后，由于与河姆渡文化地域相近，碳十四测年数据相衔接，更由于在跨湖桥文化遗存中有不少因素在河姆渡文化中找到相似性，因此，就有学者比较自然地认为河姆渡文化很可能来源于跨湖桥文化或上山文化晚期。2013 ～ 2017 年，临近田螺山遗址的井头山遗址，作为埋藏深达 8 米左右、碳十四测年达距今 8000 多年的浙江境内第一处海相贝丘遗址被发现和确认，为河姆渡文化的来源，以及河姆渡文化与跨湖桥文化的关系等悬而未决的问题的研究带来了难得机遇。从机械钻孔出土的部分陶片、少量石器和骨器等特征观察，河姆渡文化的直系来源应很可能来自于井头山类型文化，而与跨湖桥文化有类似于旁系亲缘的关系。

关于跨湖桥文化、河姆渡文化的年代

跨湖桥遗址在1990年第一次发掘之后，由于陶器造型、工艺、胎质等方面显示的一些先进性和特殊性，虽然有一些七八千年的测年数据，但与河姆渡文化的陶器相比较，当时还是难以理解和接受跨湖桥遗存整体早于河姆渡文化的判断。笔者在2011年11月由文物出版社出版的《中国考古学会第十三次年会论文集》中发表的《全新世早中期环境下的河姆渡文化与跨湖桥文化关系》一文中认为："跨湖桥遗址形成（跨湖桥古村落废弃）的时间应该与河姆渡文化中期相当，即在距今6000年左右，或者说跨湖桥文化晚期应与河姆渡文化前期平行发展，分别代表浙江距今7000年前后大暖湿期的内陆型史前文化和沿海型史前文化。而跨湖桥文化的出现可能稍早于河姆渡文化，但两者起始也不会相差达1000年。"现在，由于余姚井头山遗址的发现，以及20多个碳十四测年数据的获取，以及文化内涵与跨湖桥文化有一定相似性的情况来看，跨湖桥文化绝对年代在距今7000～8000年的原先判断应该还是准确的。而跨湖桥文化延续到距今7000年的时候消亡的绝对时间与井头山遗址距今约7800年就提早消亡的时间差，如今可从跨湖桥遗址与井头山遗址所处的地理位置与海洋远近（跨湖桥遗址离当时海岸线较远，至少达上百公里，短时间里不太会感受到当时海平面快速上升的影响；而井头山遗址离当时海岸很近，几乎在海岸线附近，遭受海平面上升影响的程度大、时间长），以及两处遗址所处海拔高度（跨湖桥最晚堆积面海拔约0米上下，井头山最晚堆积面海拔约-4米）的差异得到分析和理解。

至于河姆渡文化的年代上限为距今7000年、河姆渡文化总体晚于跨湖桥文化的说法，也可以从井头山遗址与跨湖桥遗址的关系上得到解释。接下去，通过井头山遗址目前发掘的明确成果，将可以从根本上确定这三者的年代差异和环境变迁的原因。

关于跨湖桥文化、河姆渡文化的生业模式

跨湖桥文化时期（距今 8000 ～ 7000 年），此阶段既有地处海拔较高的地理环境的遗址，也有位于低海拔地区的遗址。该文化的典型遗址跨湖桥遗址位于钱塘江下游低丘河谷，海拔较低，文化层上面保存环境考古发掘中出土了较丰富的有机质遗物，各类动物骨骸数量较多，炭化稻米、橡子、酸枣、菱角等植物遗存也较为丰富，且保存良好，为开展植硅石、同位素、淀粉粒等微体遗存的研究提供了较好的客观条件。虽然从肉眼上可以分辨出较多的动植物遗存种类和跨湖桥先民大体的食物结构和生业方式，但如果再借助于用部分动植物遗存中的稳定同位素的分析结果，可以更加清楚或确切地反映先民们的饮食文化特征。

河姆渡文化分布于中国东南沿海，它所处的地理环境的多样性和优越的生态条件，在很大程度上决定了河姆渡先民非常多样性的生产、生活方式。从河姆渡遗址不同阶段异常丰富的出土遗存中，就可以比较直接地看出稻作农业在河姆渡文化时期已获得了较大的发展，甚至在有的阶段已成为河姆渡先民最主要的生业手段和生产方式，但由于同期自然环境的较大波动，稻作农业的脆弱性也表现得非常明显，传统的采集和狩猎经济在古人的谋生活动中也常常表现出不可或缺的作用。另一方面，由于不同类型的食物遗存虽然可以看出大体的数量多少，但由此得出的关于古人食物构成的阶段性变化的认识或结论仍具有不够确切的弊端。而具有长期良好保存状态的植硅石、同位素、淀粉粒等微体材料，经过各类分析数据的分析、综合，最终得出的关于河姆渡先民的食物结构变化与自然环境的相互关系的认识具有较大的确定性。而稳定同位素分析技术相较于植硅石和淀粉粒技术，具有样品的易保存和易获取性，分析数据具有更大的准确性和可比性。因此，同位素技术在研究和复原新石器时代古文化的经济模式和自然环境方面应有着良好的应用前景。

另外，从近期诸暨楼家桥遗址和仙居下汤遗址发掘中看到的跨湖桥文化因素（夹砂绳纹灰黑陶深腹圜底釜）、河姆渡文化因素（侈口带弱脊圜底灰褐陶釜、沿面内凹绳纹浅腹夹砂褐陶釜）的扩散外延状况来看，距今6000年左右，河姆渡文化的曼妙、精致和稻作农耕技术的成熟在跨湖桥文化的基础上仍具有较强的生命力。

关于跨湖桥文化、河姆渡文化的制陶工艺、木作技术、玉石器加工、漆艺

跨湖桥文化与河姆渡文化考古出土遗存中，具有同期全国所有新石器时代遗址中异常丰富的器物种类，既有保存环境特别优越的原因，更是史前先民在东南沿海优越的自然环境下因地制宜地营造出精细物质和精神生活的结果。跨湖桥文化的彩陶起源早，并且在表现形式、用彩原料方面独树一帜，几乎不见于南方地区其他所有新石器时代遗址。河姆渡先民制作了南方地区非常丰富和典型的炊器釜文化，甚至可谓源远流长；同时，还能别具一格地创作出大量的陶艺作品，其所达到的艺术水准和高超的表现力也在同期的史前文化中几乎无出其右。同样，在漆木器制作、玉石器加工等方面，也显示出引领整个中国南方地区社会发展的先进性。

关于跨湖桥文化、河姆渡文化的动植物遗存与自然环境

综览全国众多的新石器时代遗址，在出土动植物遗存的保存状况和丰富程度上很少有可以比肩跨湖桥文化与河姆渡文化的遗址。它们不仅可靠和清晰地反映当时当地的自然环境状况，以及先民生产生活的丰富程度，也能显示出先民利用自然、改造自然的生产力水平。其中，特别是狗、猪、牛等重要动物的丰富骨骸遗存，对于研究中国南方地区家畜饲养业发展进程的意义更非其他遗址可比。另外，两处遗址中保存优良的稻作农业遗存，从国内考古发现的最早的水稻田、色泽保存新鲜的稻叶和稻秆，到完整的带壳稻谷、大量散落的炭化稻米、成层成堆出土的加工后留下的稻谷壳、显微镜下分检出的水稻植硅体和小穗轴等均是研究中国乃至世界稻作农业起源和演进这一史前重大学术问题的宝贵材料。国内外众多学者利用这些材料已发表了大量富有影响力的学术成果。随着科技考古手段的进步，这些材料还将发挥出更大的价值。

以跨湖桥遗址出土遗存，特别是以 8000 年前的独木舟为核心建立起来的跨湖桥遗址博物馆，硬件先进、理念科学，更难能可贵的是在最近十余年里，既坚持博物馆面向大众的基本职责，也不忘学术立馆的初心，连续 10 余年举办跨湖桥文化国际学术论坛活动，联络国内外知名专家学者探讨、交流中外史前考古的新动向、深入解读跨湖桥文化方方面面的文物遗存。这次，在“论坛”活动整十年的特别时间节点，携手河姆渡文化，相聚钱江和湘湖之畔，必将是在新时代展现“江南”文化基底面貌，感悟先越民众心灵智慧的绝佳时机。

跨湖桥遗址、河姆渡遗址的地理位置示意

文化分布

跨湖桥文化与河姆渡文化是浙江新石器早中期两支重要的考古学文化，前者以萧山跨湖桥遗址命名，后者以余姚河姆渡遗址命名。

河姆渡遗址发现于1973年，经1973年、1977年两次发掘，出土工艺精良的干栏式木构建筑和类型独特的陶、石、玉、骨角牙、木器，尤以水稻遗存引人注目。距今7000年的碳十四年代测定数据，将河姆渡文化推举至世界稻作农业起源地的位置。1990年发现距今8000年的跨湖桥遗址，一种全新的考古学文化突破了河姆渡文化的认识束缚，判然有别的器物特征，若有相承的生业经济传统，以及年代、地域上的关联，给学术界带来了无尽的思考。

从目前的发现看，河姆渡文化主要分布在杭州湾南岸的宁绍地区东部，以余姚东部的姚江下游河谷地带为核心区，晚期向东、向南、向西扩展到更广大的地区。跨湖桥文化主要分布在钱塘江流域金衢盆地和下游河口地带，向南、向东影响到灵江流域乃至宁绍东部沿海一带。

跨湖桥遗址环境

2001 年跨湖桥遗址发掘现场

河姆渡遗址环境

1977 年河姆渡遗址聚落遗迹发掘场景

田螺山遗址环境

2010 年田螺山遗址保护棚内发掘区聚落遗迹场景

聚落经济

河姆渡人生活在亚热带温暖湿润、动植物繁盛的环境中，自然资源充裕。稻作农业更有效地解决了食物的基本需求，采集、渔捞、狩猎也是不可或缺的谋生手段。

河姆渡文化的主要稻作工具是骨耜，因此被称作耜耕农业。在农业经济的保障下，聚落定居稳定发展，在姚江流域形成较大规模的生活群落。河姆渡先民掌握了精湛的榫卯技术，居住的房子是干栏建筑。狗、猪等动物已经开始被饲养，纺织工具也有发现。采集的主要品种有橡子、菱角、酸枣、麻栎果、芡实等高淀粉含量的果实和种子，还有菌类植物等，一些水生果实通过驾驶独木舟到河塘深处采摘。渔猎的对象包括陆生、水生的兽、禽、鱼类动物遗骸，其中包括天鹅、鸭、鹰、雕、丹顶鹤、灰鹤、海豚、鼠、貉、狗、獾、虎、豹猫、犀、猪、麋鹿、梅花鹿、水牛、苏门羚以及鱼骨、龟壳、蚌壳等。用于采集、渔猎的骨木工具也有相应的发现。

跨湖桥文化时期的气候条件略同于今日的浙江地区，动植物资源十分丰富。稻作农业已经初步发展，古湘湖谷底及钱塘江上游地区均发现完全定居的遗址群落，南方地区迄今发现最早的家猪就在跨湖桥遗址。原始纺织已经出现。建筑形式包括干栏建筑和土木建筑两种，榫卯构件已经出现。

除了稻遗存以及骨耜、木铲等农业工具，跨湖桥遗址中还出土数量较多的植物果实残骸和大量的动物遗存，证明采集、狩猎经济的存在。植物遗存包括毛桃、酸梅、李子、杏子、南酸枣、麻栎、栓皮栎、白栎果、乌菱、四角菱、芡实以及豆科、葫芦科、山茶科、蓼科的植物种子和果实。发现较多的橡子储藏坑。牛、鹿等大量动物遗骸作为狩猎对象进入遗址区，许多骨骸保留宰杀和食用的痕迹。狩猎工具，包括弓箭、匕首、镖、矛头等。独木舟的发现，证明古跨湖桥人的经济活动范围已经延伸至河湖深处乃至近海水域。

木构建筑遗迹　跨湖桥遗址

干栏式木构建筑遗迹出土情形 田螺山遗址

带榫卯木构件 田螺山遗址出土

带榫卯木构件 河姆渡遗址出土

独木梯　跨湖桥遗址出土

独木梯出土情形　田螺山遗址

骨耜　跨湖桥遗址出土

田螺山遗址出土骨耜情形

木铲 跨湖桥遗址出土

木耜　田螺山遗址出土

木耜　慈湖遗址出土

木器柄 跨湖桥遗址出土

木器柄 田螺山遗址出土

稻谷　跨湖桥遗址出土

稻谷　下孙遗址出土

稻谷　河姆渡遗址出土

稻谷壳　田螺山遗址出土

陶釜 跨湖桥遗址出土

陶釜支脚 跨湖桥遗址出土

陶釜支脚 下孙遗址出土

陶釜和陶支脚组合形式　田螺山遗址出土

“草药罐” 出土情形（上） “草药罐”与枝茎状药材（下） 跨湖桥遗址出土

簸箕形陶灶　河姆渡遗址出土

连釜陶灶　田螺山遗址出土

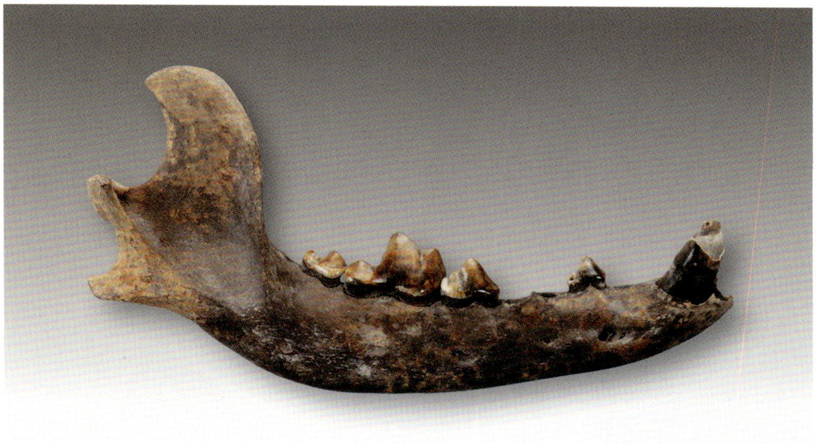

狗下颌骨　跨湖桥遗址出土

鹿头骨　跨湖桥遗址出土

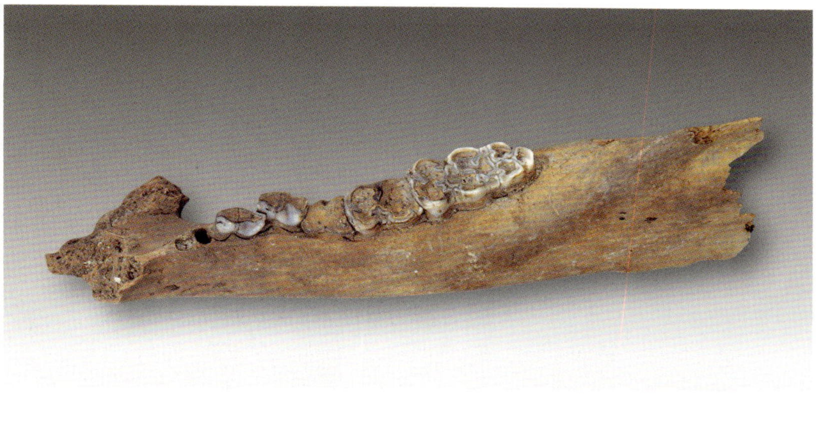

猪下颌骨　跨湖桥遗址出土

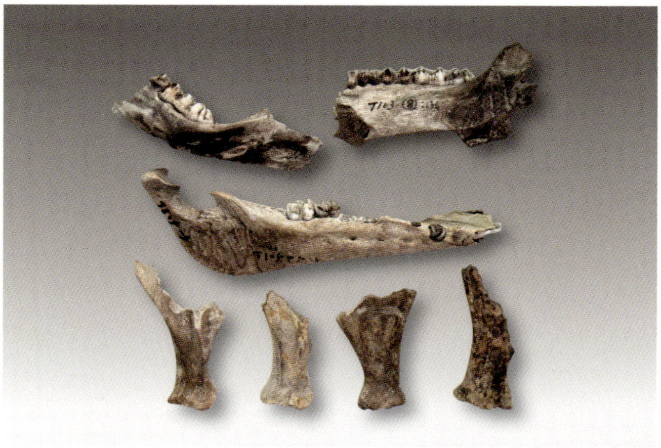

猪骨 田螺山遗址出土

狗头骨 田螺山遗址出土

水牛下颌骨　跨湖桥遗址出土

水牛头骨　跨湖桥遗址出土

水牛头骨　田螺山遗址出土

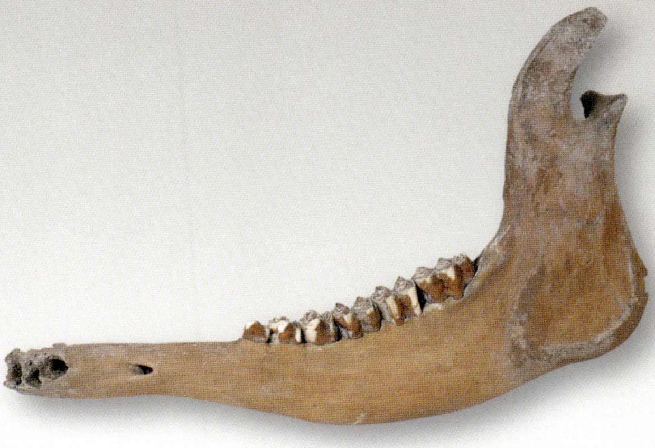

水牛下颌骨　田螺山遗址出土

骨哨　跨湖桥遗址出土

骨哨　田螺山遗址出土

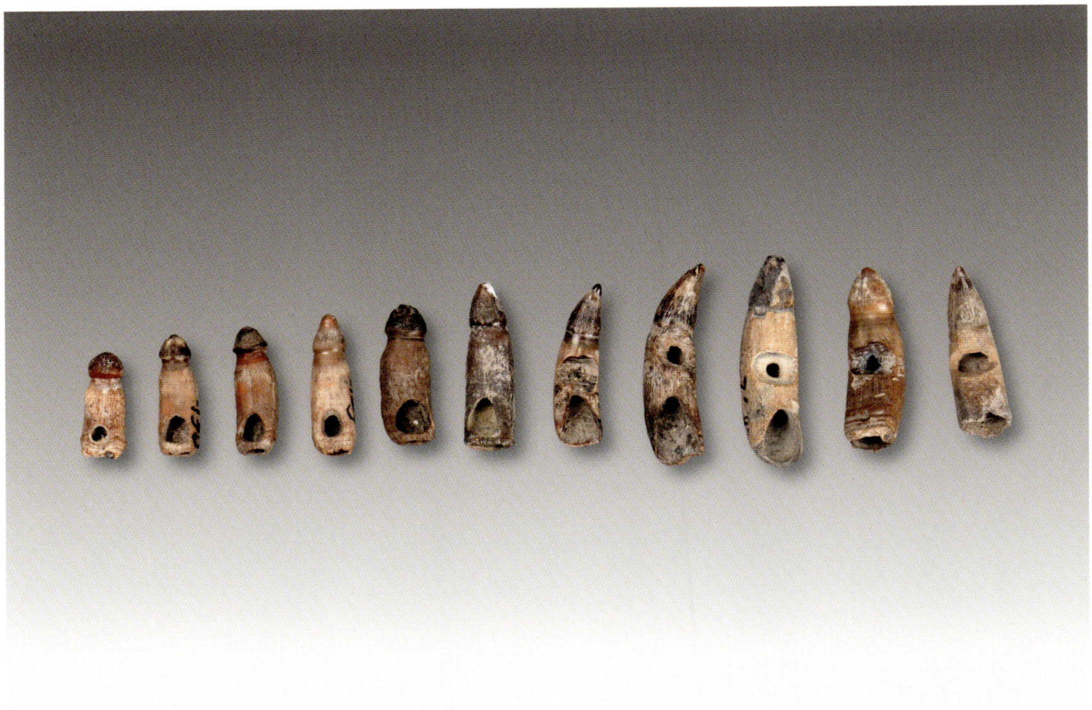

鳄鱼牙哨　田螺山遗址出土

石镞　跨湖桥遗址出土

骨镞　跨湖桥遗址出土

木镞　跨湖桥遗址出土

骨锥和骨镞　田螺山遗址出土

骨镞和野猪獠牙镞　田螺山遗址出土

骨镖　跨湖桥遗址出土

木浮标　跨湖桥遗址出土

骨鱼鳔　河姆渡遗址出土

石锛木柄　跨湖桥遗址出土

带柄石斧（木柄和捆绑藤条为复原，石斧为原件）
带柄石锛（鹿角柄和石斧为原件，捆绑麻绳为复原）
田螺山遗址出土

1、2. 乌菱　3、4、7. 毛桃　5. 栓皮栎　6. 四角菱　8、12. 梅　9、13. 栎树壳斗　10. 白栎　11. 杏子　14、15. 麻栎　16. 葫芦科　17. 松　18、19. 南酸枣　20、21. 芡实　22. 豆科　23. 茶　24、25. 蓼

植物种实　跨湖桥遗址出土

1. 夏飘拂草　2. 扁穗莎草　3. 扁杆藨草　4. 鳢肠　5. 光叶眼子菜　6. 菱角　7. 水毛花　8. 碎米莎草　9. 五针金鱼藻　10. 野荸荠　11. 稗草　12. 华东藨草　13. 荆三棱　14. 细金鱼藻　15. 茨藻　16. 酸模叶蓼　17. 苔草　18. 阿穆尔莎草　19. 荇菜　20. 野慈姑

显微镜下拍摄的稻田杂草种子　田螺山遗址出土

石磨盘　跨湖桥遗址出土

石磨盘　跨湖桥遗址出土

石锤　跨湖桥遗址出土

木锤　跨湖桥遗址出土

石磨盘和石磨球　河姆渡遗址出土

木盘　跨湖桥遗址出土

木勺　跨湖桥遗址出土

骨匙　跨湖桥遗址出土

木小刀 河姆渡遗址出土

带槽木柄 河姆渡遗址出土

木铲 河姆渡遗址出土

正面

背面

木刨形器 田螺山遗址出土

骨纬刀 跨湖桥遗址出土

木梭 跨湖桥遗址出土

骨梭 跨湖桥遗址出土

卷布轴 跨湖桥遗址出土

木机刀　田螺山遗址出土

骨机刀　田螺山遗址出土

纺织用木器　田螺山遗址出土

鹿角梭形器　田螺山遗址出土

木锥　跨湖桥遗址出土

纺纱小木棍　田螺山遗址出土

钻木取火棍　田螺山遗址出土

踞织机木构件　田螺山遗址出土

纺轮形圆陶片　跨湖桥遗址出土

陶纺轮　田螺山遗址出土

陶线轮　跨湖桥遗址出土

骨线轮　田螺山遗址出土

玉线轮　田螺山遗址出土

“凸”字形陶纺轮　河姆渡遗址出土

骨针　跨湖桥遗址出土

骨针　田螺山遗址出土

独木舟及相关遗迹　跨湖桥遗址

独木舟模型器　田螺山遗址出土

木桨　跨湖桥遗址出土

木桨出土情形　田螺山遗址

芦苇编织物　跨湖桥遗址出土

芦苇编织物　河姆渡遗址出土

芦苇编织物　田螺山遗址出土

木轮轴 跨湖桥遗址出土

陶拍 下孙遗址出土

轴承形木器　田螺山遗址出土

器物形态

考古学文化的区分，原始生活方式的物质形态，主要体现在以陶器为主的器物分类上。

河姆渡文化最典型的陶器是釜，即敛口或敞口的带脊釜，这类釜的口、颈、肩、腹部位的连接处往往有明显的转角，形成一道或两道的脊棱，绳纹仅见于下腹部。跨湖桥文化陶釜以卵形釜为主，不见脊棱现象，颈部以下遍施交叉绳纹。河姆渡文化中的陶盂、贮火尊、单耳罐、带喇叭口或桥形纽的器盖，绝不见于跨湖桥遗址。跨湖桥文化多用圈足器的现象，以及用陶片打制纺轮、别具一格的线轮，则罕见于河姆渡遗址。

在陶器的制作工艺上，跨湖桥遗址陶器的器腹、器底部分比较薄，在深腹器的内壁，多有密集的拍印痕迹。相比之下，河姆渡文化陶器略显厚重，内壁多见修刮痕迹，体现了两者在陶艺上的区别。

石器中，河姆渡遗址多斧，跨湖桥遗址多锛。这一比例与其连置装配的木柄数量相吻合，跨湖桥遗址只见锛柄，而河姆渡遗址多见斧柄。斧、锛各有功能，两遗址中的这一差别尚未得其解。跨湖桥遗址中磨制规整的石锤，也不见于河姆渡遗址。

骨器中，河姆渡遗址的骨耜的装柄方式是捆绑式的，而跨湖桥遗址的骨耜，则是插装式。总体而言，河姆渡文化的骨木器的形态更加丰富，但在基本功能上，有共同之处。

陶釜　跨湖桥遗址出土

敞口陶釜　田螺山遗址出土

敛口陶釜　田螺山遗址出土

陶器器座　河姆渡遗址出土

陶釜 跨湖桥遗址出土

不同形态的陶釜　田螺山遗址出土

敛口陶盆　跨湖桥遗址出土

敛口陶盆
河姆渡遗址出土

陶甑　跨湖桥遗址出土

陶甑　河姆渡遗址出土

陶罐　跨湖桥遗址出土

黑光陶罐　跨湖桥遗址出土

陶罐　河姆渡遗址出土

陶罐　田螺山遗址出土

陶罐 跨湖桥遗址出土

陶罐　跨湖桥遗址出土

陶钵　跨湖桥遗址出土

陶钵　田螺山遗址出土

刻稻株纹陶钵　河姆渡遗址出土

陶盘　田螺山遗址出土

陶钵 跨湖桥遗址出土

刻纹陶钵　田螺山遗址出土

陶圈足盆　跨湖桥遗址出土

陶盆　田螺山遗址出土

陶豆　跨湖桥遗址出土

陶豆　跨湖桥遗址出土

陶豆　河姆渡遗址出土

陶豆　田螺山遗址出土

陶圈足盘　跨湖桥遗址出土

陶豆　河姆渡遗址出土

陶豆　塔山遗址出土

陶器盖　跨湖桥遗址出土

陶器盖　河姆渡遗址出土

石斧　跨湖桥遗址出土

石锛　跨湖桥遗址出土

石斧（上） 石锛（中） 石凿（下） 田螺山遗址出土

磨光石锤　跨湖桥遗址出土

石楔　田螺山遗址出土

钉形骨器 跨湖桥遗址出土

骨管形针（骨笄）河姆渡遗址出土

骨锥　跨湖桥遗址出土

骨凿　河姆渡遗址出土

骨器柄 跨湖桥遗址出土

哑铃形木器 跨湖桥遗址出土

把手形鹿角器　河姆渡遗址出土

把手形鹿角器　田螺山遗址出土

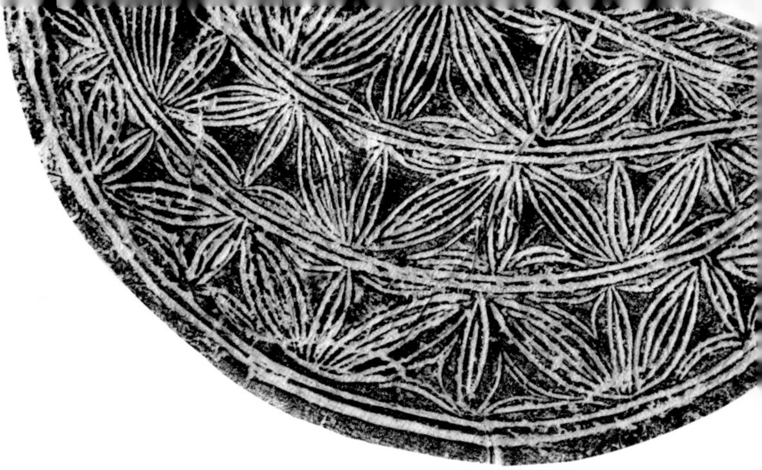

原始艺术

在艺术及其所表达的观念形态上，跨湖桥文化与河姆渡文化有较明显的差别。艺术种类的丰富及艺术品的精美，河姆渡文化显然更胜一筹，但年代更早的跨湖桥遗址中，漆器、彩陶以及一些神秘图符的发现，也体现了跨湖桥文化的卓绝之处。

跨湖桥文化中，漆弓堪称一件独立艺术品。这件周身涂漆的“彤弓”，显然已经不是实用的工具，而是某种仪式性的用具。与此相应的是，刻画于陶、骨、木器上的神秘图符，部分疑似“卦象”，体现了观念文化超出想象的复杂现象。跨湖桥文化艺术的内容和形式更多呈现于陶器上，具有太阳崇拜含义的彩陶，引人注目。

河姆渡文化中，体现在陶、骨、玉器上的艺术品更为丰富，器物装饰也更为繁缛。最醒目的是大量的模拟动植物的图案，其中以“双鸟朝阳”最为著名。河姆渡文化也见有彩陶，但与跨湖桥文化相比，不但数量特别稀少，表现形式也大有不同，如不见跨湖桥文化的乳白厚彩和盘内红彩，其漆彩及纹样题材均具有自身特色。

需要特别指出的是，河姆渡文化中频繁出现的猪、鸟、鱼以及禾叶、谷粒等动植物图案、造型，绝不见于跨湖桥文化，这是两者在观念形态上的大变化。这一变化体现河姆渡文化别有所源，其主体与跨湖桥文化有了很大差别。

十字纹彩陶　跨湖桥遗址出土

放射纹彩陶片　跨湖桥遗址出土

双鸟朝阳纹象牙蝶形器　河姆渡遗址出土

漆绘彩陶片　河姆渡遗址出土

漆绘彩陶片　田螺山遗址出土

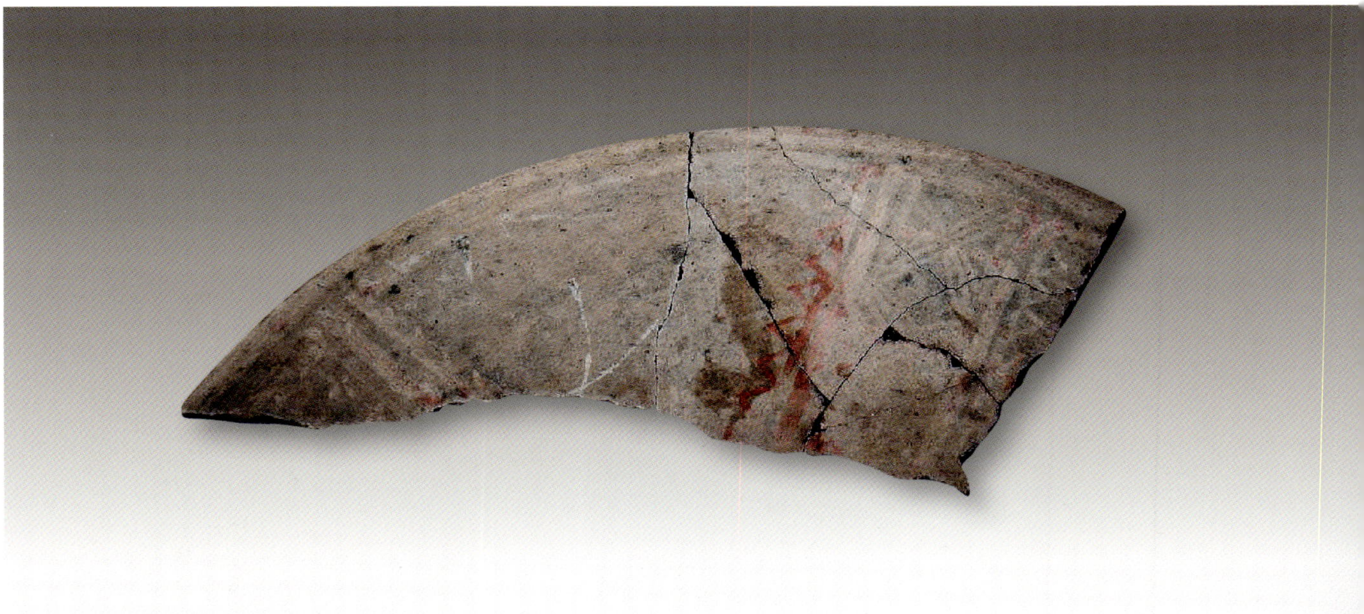

组合纹彩陶片　跨湖桥遗址出土

条纹、折线纹彩陶片　跨湖桥遗址出土

漆绘彩陶片 河姆渡遗址出土

太阳纹彩陶罐　跨湖桥遗址出土

双鸟纹骨匕形器　河姆渡遗址出土

刻纹象形陶塑　河姆渡遗址出土

"田"字符扁腹罐　跨湖桥遗址出土

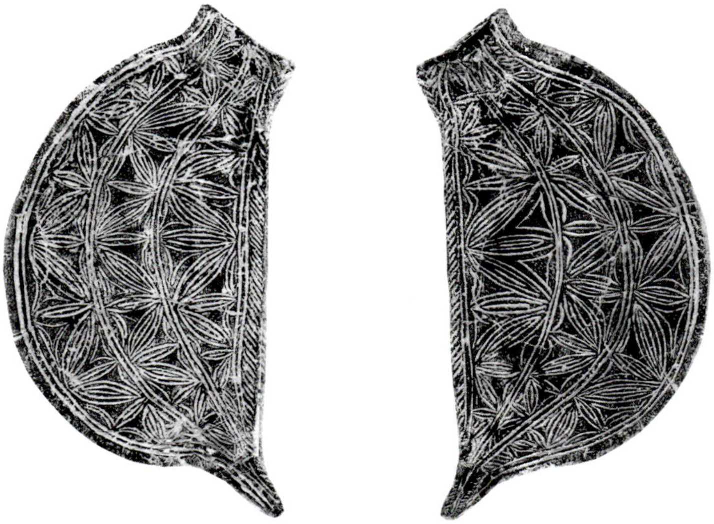

龟形刻纹陶盉　田螺山遗址出土

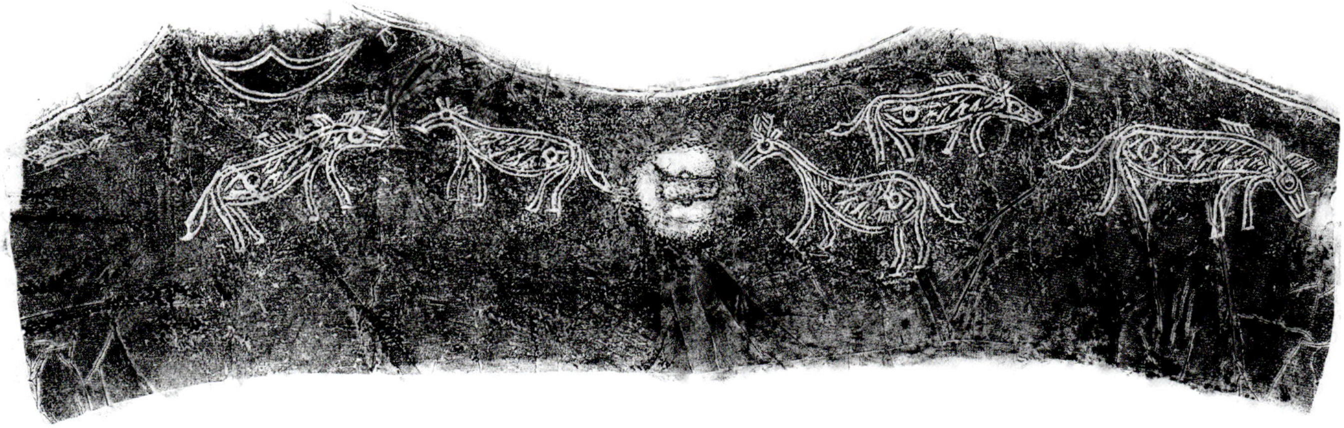

人头形陶流　楼家桥遗址出土

象牙柄端饰件　楼家桥遗址出土

人头形陶塑　河姆渡遗址出土

猪形陶塑　河姆渡遗址出土

猪纹方形陶钵　河姆渡遗址出土

玉璜 跨湖桥遗址出土

玉珠、坠、璜、玦　河姆渡遗址出土

鲨鱼牙钻刻具和鲨鱼牙齿　田螺山遗址出土

玉珠、饰件、纺轮、坠、玦、璜　田螺山遗址出土

刻划图符鹿角器　跨湖桥遗址出土

刻纹骨笄　田螺山遗址出土

刻划图符木锥　跨湖桥遗址出土

刻纹鸟形象牙匕　鲻山遗址出土

漆弓　跨湖桥遗址出土

黑漆木筒　田螺山遗址出土

漆木筒　河姆渡遗址出土

朱漆木碗　河姆渡遗址出土

双鸟形木雕器（木质羽冠） 田螺山遗址出土

象纹雕刻木板　田螺山遗址出土

木鸟形器　田螺山遗址出土

刻动物（犀牛）纹木板　田螺山遗址出土

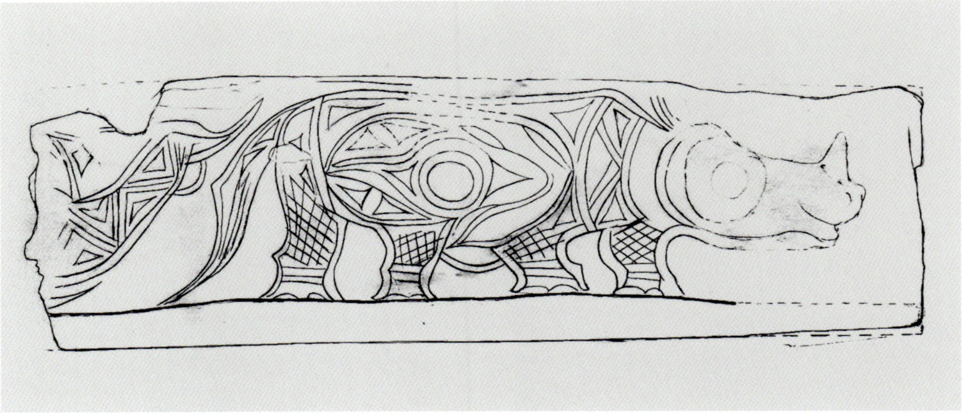

后记

跨湖桥文化与河姆渡文化是浙江新石器时代两支重要的考古学文化。河姆渡遗址发现早，学术界与社会上对河姆渡文化更熟悉，但跨湖桥文化年代早。跨湖桥遗址与河姆渡遗址空间距离不过百余公里，同处钱塘江—杭州湾以南，之间的内涵有哪些异同，存在怎样的发展关系，这些都是长江下游及东南沿海地区新石器文化谱系研究的重要课题。

跨湖桥遗址博物馆成立十余年来，一直致力于跨湖桥文化与周边其他考古学文化的比较研究。于2019年召开的第十届跨湖桥文化学术研讨会，研讨的主题是跨湖桥与河姆渡。在浙江省文物考古研究所、余姚河姆渡遗址博物馆和诸暨博物馆的大力支持下，专门举办了跨湖桥、河姆渡文化特展，并出版展览图录，目的是通过具体的比较，让学术界和爱好者获得对跨湖桥文化、河姆渡文化的直观认识。

这本图录以特展文物为基础，但不限于展览内容。跨湖桥文化目前已经发现的遗址十余处，但从完整性和丰富性的角度，跨湖桥遗址和下孙遗址依然是最具典型性的遗址；河姆渡文化遗址数量更多，但最具代表性的也还是河姆渡遗址和田螺山遗址。这些遗址内涵均十分丰富、复杂，不可能全面容纳，选编的原则，一是进行同类项比较，尤其是器物部分，重在考古学类型的对应性；二是河姆渡文化文物大多偏于其早期，以期获得比较的时段性效果，但也收录了少量晚期器物。图录内容主要包括地理环境、生业经济、生活方式和艺术观念四个方面，通过典型标本的呈现，尽量满足广大读者对这两种考古学文化的认知需求。

本图录照片除田螺山遗址部分文物为初次拍摄，其他均为不同时期的旧片，这里未能一一注明拍摄者，谨此表示歉意和感谢。

由于时间有限，准备比较仓促，图录肯定存在诸多不足之处，恳请大家批评指正。

编　者

2023年9月